AF150725

BEI GRIN MACHT SICH IHR
WISSEN BEZAHLT

- Wir veröffentlichen Ihre Hausarbeit,
  Bachelor- und Masterarbeit

- Ihr eigenes eBook und Buch -
  weltweit in allen wichtigen Shops

- Verdienen Sie an jedem Verkauf

Jetzt bei www.GRIN.com hochladen
und kostenlos publizieren

Maximilian Kröhnert

Die stellvertretende Bekräftigung im Kontext der Vorbildnachahmung

GRIN Verlag

Bibliografische Information der Deutschen Nationalbibliothek:

Die Deutsche Bibliothek verzeichnet diese Publikation in der Deutschen National-
bibliografie; detaillierte bibliografische Daten sind im Internet über http://dnb.d-
nb.de/ abrufbar.

Impressum:

Copyright © 2013 GRIN Verlag GmbH
Druck und Bindung: Books on Demand GmbH, Norderstedt Germany
ISBN: 978-3-656-83474-8

Dieses Buch bei GRIN:

http://www.grin.com/de/e-book/283453/die-stellvertretende-bekraeftigung-im-
kontext-der-vorbildnachahmung

Die Bedeutung der stellvertretenden Bekräftigung im Kontext der Vorbildnachahmung

Eine Facharbeit geschrieben von

Maximilian Kröhnert
Gymnasium am Markt, Bünde

eingereicht am

28.02.2013 in

Psychologie

Inhaltsverzeichnis

1 Einleitung

Es ist der psychologischen Forschung zu verdanken, dass uns heute der Einfluss von anderen auf das Erleben und das Verhalten des Einzelnen bekannt ist. Die Erkenntnis, wie sehr wir uns von Mitmenschen beeinflussen lassen, stellt natürlich die Eigenständigkeit des Menschen in seinen Entscheidungen, Meinungen und Einstellungen infrage. Doch diese Forschungsergebnisse sollten uns nicht zu dem Urteil verleiten lassen, dass andere lediglich die Selbstbestimmtheit in unserem Verhalten herabsetzen. Als soziales Lebewesen ist der Mensch nunmal auf andere einflussnehmend, aber auch von der Gemeinschaft abhängig. So bedurfte es sicherlich im evolutionären Prozess oftmals der Hilfe anderer, um das eigene Überleben zu sichern – und natürlich ist diese Abhängigkeit auch heutzutage noch gegeben. So sehr man sich doch oft auf die eigenen Entschlüsse verlässt, so haben die Ratschläge und Hinweise unserer Mitmenschen, wie es sich häufig im Nachhinein herausstellt, ihre Berechtigung. Die Gruppe schützt die einzelnen Mitglieder, zusätzlich hilft sie aber auch, dem Einzelnen zu lehren, sich alleine zurechtzufinden – schließlich besteht die Gruppe auch nur aus mehreren Einzelnen, die ihren Beitrag erbringen müssen.

In meiner Facharbeit werde ich mich besonders mit dem Beobachtungslernen auseinandersetzen - einem Lernprozess, der ohne andere nicht möglich wäre. Ein besonderes Augenmerk werde ich dabei auf die sozial-kognitive Lerntheorie von Albert Bandura legen, und versuchen, einen Faktor zur Modifikation der Nachahmungswahrscheinlichkeit experimentell nachzuweisen, dem im Kontext der Vorbildsuche eine besondere Bedeutung zukommen könnte.

2 Forschungsstand

2.1 Vorbilder und Pubertät

Wenn aus Kindern Erwachsene werden kommt es in der Entwicklungsphase der Pubertät nicht nur zu physiologischen, sondern auch zu psychologischen Veränderungen (vgl. Zimbardo & Gerrig, 2008, S.370). So legen Jugendliche beispielsweise „mehr Betonung auf soziale Werte" und sind „sehr darauf aus, von anderen möglichst positiv betrachtet zu werden" (Berk, 2010, S.528). Mit dem Eintreten dieser

4

Entwicklungsphase und einhergehenden Prozessen wie der Herausbildung einer gefestigten Identität können sich Schwierigkeiten, wie Unsicherheiten bezüglich des eigenen Aussehns, der Persönlichkeit und deren Beurteilung durch andere ergeben (vgl. Bourne & Ekstrand, 1992, S.343). Gerade in dieser Phase der Veränderungen und Unsicherheiten können Vorbilder und Idole von Heranwachsenden zur Hilfe gezogen werden (vgl. Schenk-Danzinger & Rieder, 2006, S.284). Letztere sind oft medial sehr präsent und erscheinen als sozial-anerkannte Personen mit gefestigten Persönlichkeitsbildern. So können Aspekte des Verhaltens des Vorbilds imitiert werden – vermutlich erscheint die soziale Anerkennung des Vorbilds als angenehme Konsequenz auf das Auftreten dieser. Durch Imitation erhofft sich der Jugendliche womöglich eine vergleichbar positive Konsequenz aus seinem sozialen Umfeld. Der psychologische Mechanismus hinter dieser Vermutung, der auch Gegenstand meiner Untersuchung ist, wird später noch im Kontext des Beobachtungslernens bei den Annahmen der sozial-kognitiven Lerntheorie erörtert (siehe *stellvertretende Bekräftigung*).

2.2 Das Modelllernen

Lernen wird als „Prozess, der in einer relativ konsistenten Änderung des Verhaltens oder des Verhaltenspotenzials resultiert" definiert, der „auf Erfahrung basiert" (Zimbardo & Gerrig, 2008, S.192). Ziel dieses Prozesses ist es in der Regel, mit Gegebenheiten und Situationen besser umgehen zu können. Lernvorgänge lassen sich in Kategorien zusammenfassen: Nicht-assoziatives Lernen, assoziatives Lernen, kognitives Lernen, sozial-kognitives Lernen und implizites Lernen (vgl. Winkel, Petermann & Petermann, 2006, S.17). Die Lernform, die hier thematisiert wird, wird oft auch als dritte Lernform bezeichnet.

Die dritte Form des Lernens und der eigentliche Schwerpunkt der Facharbeit ist das **Beobachtungslernen**, auch **Modelllernen** genannt. Unter Beobachtungslernen versteht man einen Lernprozess durch Beobachtung anderer, der Modelle. Dabei eignet man sich beobachtete Verhaltensweisen an, und führt sie aus, wenn sie in einer Situation als hilfreich angesehen werden. Es werden drei Effekte des Modelllernens unterschieden: Das Modelllernen ermöglicht die Aneignung neuer Verhaltensweisen (1), es kann bereits erlerntes Verhalten des Beobachters je nach Konsequenz auf dieses Verhalten bei Modellen sowohl hemmen als auch enthemmen (2), außerdem spricht man vom auslösenden Effekt, wenn ein erlerntes Verhalten ausgelöst wird, weil ein ähnliches beobachtet wurde (3) (vgl. Winkel, Petermann & Petermann, 2006, S.200). Einige Faktoren konnten bereits identifiziert werden, die die Imitation eines beobachteten Verhaltens wahrscheinlicher bzw. unwahrscheinlicher machen. Zu Faktoren, die sich positiv auf die Wahrscheinlichkeit der Ausführung des durch Beobachtung gelernten auswirken, zählen unter anderem Eigenschaften des Modells, wie dessen sozialer Status, seine Macht über den Lernenden und dessen Ernsthaftigkeit in der Interaktion mit dem Lernenden (vgl. Berk, 2010, S.424). Das Modelllernen bietet gegenüber anderen Lernverfahren mehrere Vorteile, beispielsweise hinsichtlich der Minimierung möglicher Risiken und der zeitlichen Effizienz. So können auf der Suche nach einer adäquaten Lösung für ein Problem beim Ausprobieren potentieller Lösungsverfahren wiederholt negative Konsequenzen bei Fehlversuchen auftreten, bevor man fündig wird. Die Beobachtung anderer bei diesem Verfahren jedoch erspart dem Beobachter diese negativen Erfahrungen und eröffnet ihm schlussendlich trotzdem die Lösung. Die zeitliche Effizienz ergibt sich aus dem Umstand, beim Beobachtungslernen eben keinen langwierigen „Versuch-Irrtum"-Prozess durchlaufen zu müssen (vgl. Winkel, Petermann & Petermann, 2006, S.199). Beide genannten Aspekte verdeutlichen die Vorteile des Beobachtungslernens gegenüber anderer Lernverfahren.

In der Psychotherapie findet das Modelllernen als verhaltenstherapeutische Maßnahme Anwendung. Wenn sich ein Patient beispielsweise in einer konkreten Situation nicht zurechtfindet, kann der Therapeut ein adäquates Verhalten demonstrieren, das der Patient beobachten und später nachahmen kann (vgl. Bourne & Ekstrand, 1992, S.505).

Bei all den Vorteilen des Beobachtungslernens gegenüber anderer Lernverfahren sollte man sich allerdings klar machen, dass Beobachtungslernen auch eine Aneignung schlechter Verhaltensweisen sein kann, vermutlich vor allem, wenn auf diese eine positive Konsequenz beobachtet wurde. Der amerikanische Psychologe Albert Bandura führte hierzu sein berühmtes "Bobo-Doll-Experiment" durch.

2.3 Das "Bobo-Doll-Experiment" von Albert Bandura

Um zu untersuchen wie das Beobachtungslernen genau funktioniert, wurde von Albert

Bandura und Mitarbeitern die "bobo-doll-study" durchgeführt. Auf drei Versuchsgruppen aufgeteilte Kinder beobachteten hierbei, wie sich ein Erwachsener gegenüber einer Gummipuppe (mit dem Namen Bobo) gewalttätig verhielt. In der ersten Versuchsgruppe wurde das Verhalten des Gewalttäters belohnt, in der zweiten bestraft, in der dritten folgten keine Konsequenzen. Anschließend wurden die Kinder einzeln in einen Raum geführt in dem sich, neben anderen Spielsachen, auch die Gummipuppe befand. Nun wurde das Verhalten der Kinder gegenüber der Puppe dokumentiert. Die Kinder der ersten Gruppe imitierten das Gewaltverhalten gegenüber der Puppe häufig, Kinder der zweiten Gruppe verhielten sich hingegen eher friedlich, die Kinder der dritten Gruppe lagen mit ihrer Nachahmungsrate im Mittelfeld (vgl. Schermer, 2006, S. 84f.). Somit lag die Vermutung nahe, dass die beobachtete positive Konsequenz auf das Gewaltverhalten die Kinder der ersten Gruppe darin bekräftigte, das Verhalten des Erwachsenen zu imitieren und sich die Kinder der zweiten Gruppe in Erwartung einer negativen Konsequenz gegen die Nachahmung des beobachteten Verhaltens entschieden. Sie hatten also die beim Modell beobachtete Konsequenz als zu erwartende Folge einer Nachahmung verstanden. Um herauszufinden, ob die Verhaltensweise zumindest bei den Kindern beider Gruppen im Gedächtnis abgespeichert wurde, bot Bandura anschließend den Kindern beider Versuchsbedingungen für die Nennung der beobachteten Gewaltakte gegenüber der Puppe Belohnungen an - woraufhin sich keine Unterschiede in der Wiedergabeleistung zwischen den Gruppen feststellen ließ (vgl. Schermer, 2006, S.85). So hatten also alle Kinder das Verhalten erlernt - nur die beobachteten Folgen des Verhaltens ließ sie für oder gegen eine Nachahmung entscheiden.

2.4 Bandura's sozial-kognitive Lerntheorie

Mithilfe der Ergebnisse seiner Untersuchungen arbeitete Bandura seine eigene Lerntheorie heraus. Sie ist gegenwärtig die bekannteste und am breitesten akzeptierte Theorie zum Modelllernen und soll deswegen hier behandelt werden. Seine so benannte „sozial-kognitive Lerntheorie" besagt, dass „die informierende Funktion der Modellierungseinflüsse die Voraussetzung für Lernen" darstellt (Bandura, 1979, S.31). Nach der Auffassung des Autors muss beim Beobachtungslernen zwischen Erwerb und Ausführung (Akquisition und Performanz) unterschieden werden. Eine genauere

Unterteilung trifft er dabei zwischen Aufmerksamkeits-, Behaltens-, motorischen Reproduktions- und Motivationsprozessen. Beobachtungslernen beginnt mit den Aufmerksamkeitsprozessen. Einem beobachtbaren Verhalten muss erst einmal Aufmerksamkeit geschenkt werden. Zusätzlich gilt es zwischen relevanten und irrelevanten Merkmalen des Beobachtbaren zu unterscheiden – in diesen Teilprozessen findet also die Wahrnehmung des Modellverhaltens statt. Anschließend folgen Behaltensprozesse: Das Beobachtete muss enkodiert und im Gedächtnis abgespeichert werden, um etwas Wahrgenommenes später auch nutzen zu können. Bandura spricht hierbei der symbolischen Repräsentation eine große Relevanz zu. Außerdem macht er deutlich, dass es Entwicklungsunterschiede zu beachten gilt: Kinder ahmen Modellverhalten unmittelbar nach. In diesem Fall spielen Behaltensprozesse eine entsprechend untergeordnete Rolle. Mit zunehmendem Alter jedoch kann eine Zunahme der Zeit zwischen der Beobachtung und der Nachahmung festgestellt werden. Demnach steigt hierbei auch wieder die Bedeutung der Behaltensprozesse (vgl. Bandura, 1979, S.36). Im Anschluss an das Behalten des Gesehenen folgen die motorischen Reproduktionsprozesse. Sie beschreiben die Nachahmungsversuche der mentalen Repräsentation des Modellverhaltens. Der Lernende imitiert das Gesehene und versucht sich selbst zu korrigieren. Je nachdem wie viele dem Modellverhalten zugrunde liegende Teilfertigkeiten bereits erlernt wurden entscheidet darüber, wie präzise und fehlerfrei die Nachahmung gelingen kann. Als wichtig stellt Bandura hierbei die Möglichkeit einer präzisen Beobachtung der eigenen Nachahmungsversuche dar. Wenn sich der Lernende bei der Nachahmung einer Bewegung beispielsweise nicht gut beobachten kann, fällt es ihm dementsprechend schwer sich zu verbessern. Wenn man seine Nachahmungsversuche also selbst nicht genau überwachen kann, können Beobachter genauere Rückmeldungen geben und somit Abhilfe schaffen. Den letzten Teilprozess des Beobachtungslernens nach Bandura's Theorie stellen motivationale Prozesse dar. Um ein gelerntes Verhalten selbst anzuwenden bedarf es einer ausreichenden Motivation. Fehlende Motivation verhindert somit die Anwendung des Erlernten. Hierbei werden Konsequenzen erwähnt, die während der Aufmerksamkeitsprozesse auf das Modellverhalten wahrgenommen wurden. Gemäß den Gesetzmäßigkeiten operanten Konditionierens steigt die Motivation zur Nachahmung bei Beobachtung positiver Konsequenzen und sinkt entsprechend bei negativen Konsequenzen auf das Modellverhalten. Ersteren Fall benennt Bandura „stellvertretende Bekräftigung" (vgl. Schermer, 2006, S.89f.). Das Modellverhalten gewinnt an Attraktivität für den Beobachter, wenn das Modell durch eine positive Konsequenz in seinem Verhalten bekräftigt wird. Durch die Beobachtung dieser Folge auf das Modellverhalten wird der Lernende stellvertretend durch das Modell in der beobachteten Verhaltensweise bekräftigt. Da dieser Mechanismus einige Beobachtungen erklären könnte, widmeten sich vielerlei psychologische Forschungsarbeiten dem Nachweis der stellvertretenden Bekräftigung. Bisherige Studien lieferten allerdings widersprüchliche Ergebnisse (vgl. Zumkley-Münkel, 1976, S.51). Zudem sind einige Untersuchungen, die den Mechanismus der stellvertretenden Bekräftigung belegen sollen, methodisch ungenau (vgl. Zumkley-Münkel, 1976, S.52). Wie anfangs bereits erwähnt könnte aber genau dieser Mechanismus Kriterien bei der Vorbildsuche verständlicher machen – warum beispielsweise Prominente von vielen Heranwachsenden so oft als nachahmenswert betrachtet werden. Deshalb bot es sich an, zu meinem Thema eine Untersuchung zur stellvertretenden Bekräftigung durchzuführen.

3 Eigene Untersuchung zur stellvertretenden Bekräftigung

Um nun den Mechanismus der stellvertretenden Bekräftigung experimentell prüfen zu können, muss das Experiment den Methoden psychologischer Forschung entsprechend geplant, durchgeführt und auch ausgewertet werden. Da eine positive Konsequenz auf das Modellverhalten als ein Faktor zur Erhöhung der Imitationsbereitschaft diskutiert wird, gilt es im Experiment die Konsequenz auf ein Modellverhalten zu variieren, die Nachahmungsrate der Vpn zu dokumentieren, um dann zu prüfen, inwiefern letztere auf die variierten Konsequenzen zurückzuführen ist.

3.2 Methode

Die Teilnehmer meines Experiments sind 15 Schüler und 11 Schülerinnen einer neunten Klasse und zwischen 13 und 15 Jahre alt. Die Schüler werden zufällig auf zwei Gruppen aufgeteilt, die sich jeweils ein Video anschauen, in denen von mir zwei Wurftechniken (A/B) im Basketball vorgestellt werden. Auf eine nähere Betrachtung des Bewegungsablaufs folgt die Sequenz eines Wurfs aus größerer Distanz, bei der sich auch der Korb im Aufnahmebereich befindet. Im Video der Gruppe eins führt Wurftechnik A zum Misserfolg, Technik B dagegen zum Erfolg (kein Treffer/Treffer).

Das Video der Gruppe zwei vertauscht die Folgen der Wurftechniken – Wurftechnik A führt zum Erfolg, B zum Misserfolg. Im Anschluss füllen die Vpn beider Gruppen einen Fragebogen aus, in dem ihnen mitgeteilt wird, dass sie eine der beiden Techniken anschließend einüben werden und sich daher zwischen den Techniken entscheiden müssen.

3.2.1 Erläuterung der Methode

In meinem Experiment verschiebe ich also die stellvertretende Bekräftigung zwischen den Modellverhaltensweisen durch Modifikation der Konsequenzen letzterer und erlange durch Auswertung der Fragebögen Kenntnis über eine mögliche Auswirkung der stellvertretenden Bekräftigung auf die Imitationsbereitschaft.

uV: Modellverhaltenskonsequenz im Video

aV: Entscheidung hinsichtlich der Wurftechnik auf dem Fragebogen

Dabei versuche ich die Testgütekriterien einer psychologischen Untersuchung einzuhalten:

Bei der Präsentation des Modellverhaltens habe ich mich für Videos entschieden, die ich selber gedreht und geschnitten und dabei darauf geachtet habe, sie bis auf die Variation der Modellverhaltenskonsequenz möglichst identisch zu halten. So verlaufen auch die Treffer und Nichttreffer in den Videos ähnlich - die Treffer sind in beiden Videos solche, bei denen der Ball ohne den Korbring zu berühren durch das Netz fällt. Gleichermaßen sind die Nichttreffer in beiden Videos Würfe, die das Brett rechts vom Ring berühren. So habe ich versucht, höchstmögliche *interne Validität* sicherzustellen.

Um für *externe Validität* zu sorgen teile ich die Vpn per Zufallsprinzip auf die beiden Versuchsgruppen auf (*Randomisierung*) und lasse sowohl Mädchen als auch Jungen am Experiment teilnehmen.

Die *Reliabilität* sollte dadurch gegeben sein, dass die Entscheidung der Vpn, die sie durch Ankreuzen auf dem Fragebogen treffen, eine zwischen zwei Möglichkeiten ist. Hierbei dürften keine Messungenauigkeiten auftreten.

Bei der Durchführung halte ich mich in meinen Anweisungen kurz und möglichst klar, kündige die Fragebögen vor der Präsentation des Videos an, um die Vpn nach Anschauen des Videos nicht unnötig zu beeinflussen und gebe standardisierte Anweisungen, um auf beide Gruppen gleichermaßen einzuwirken – hierdurch erhoffe ich mir *Objektivität*.

3.3 Hypothese

Da ich davon ausgehe, dass der Mechanismus der stellvertretenden Bekräftigung existiert lautet meine Hypothese: Die Entscheidung der Vpn wird mehrheitlich auf die Wurftechnik fallen, die im Video beim Modell durch das Erzielen eines Treffers bekräftigt wurde - Vpn der Gruppe eins entscheiden sich somit mehrheitlich für Technik B, Vpn der Gruppe zwei eher für Technik A.

3.4 Anmerkungen zur Durchführung

Die Durchführung des Experiments verlief weitestgehend planmäßig. Leider vergaß ich bei der Gruppe 2 das Verteilen der Fragebögen vor der Präsentation der Videos, sodass hier etwas mehr Zeit zwischen Anschauen des Videos und dem Ausfüllen des Fragebogens verstrich. Die Vpn verhielten sich wie erhofft - meine Anweisungen wurden ohne weitere Nachfragen verstanden und auch befolgt.

3.5 Ergebnisse

Die Ergebnisse, die ich durch die Auswertung der Fragebögen beider Gruppen erlange, stimmen mit der Hypothese überein. In Gruppe eins entschieden sich 8 von 13 Vpn für Technik B und entsprechend 5 Personen für Technik A. In Gruppe zwei entschieden sich 5 Vpn für Technik B, für Technik A entschieden sich 8 Personen. Somit wurde in beiden Gruppen die im Video jeweils bekräftigte Wurftechnik mehrheitlich bevorzugt – die stellvertretend bekräftigte Technik wurde in 61,54% und die nicht bekräftigte Technik in 38,46% der Fälle ausgewählt.

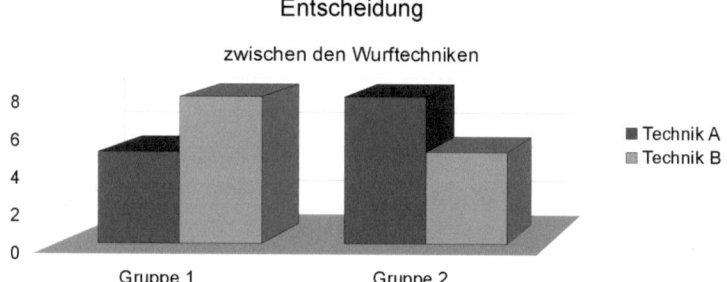

3.6 Interpretation

Meine Ergebnisse belegen die Wirkung der Modellverhaltenskonsequenz auf die Imitationsbereitschaft des Lernenden. Somit scheint der Mechanismus der stellvertretenden Bekräftigung zu existieren. Wie zuvor bereits erwähnt, ermöglicht dieser auch ein besseres Verständnis der Bereitschaft von Menschen, Vorbilder nachzuahmen. Erfolgreiche Menschen müssten entsprechend den Ergebnissen öfter imitiert werden.

Im Kontext des Unterrichts in Schulen kann dieser Zusammenhang genutzt werden. So wäre es wichtig, dass Lehrer die zu vermittelnden Fertigkeiten selbst erfolgreich anwenden, um Schüler zu einer Nachahmung zu motivieren. Im Umkehrschluss ist die Demonstration eines Verhaltens, auf das eine negative Konsequenz folgt, im Hinblick auf die Motivation der Schüler kontraproduktiv. So wäre die Demonstration eines mathematischen Verfahrens, das zum falschen Ergebnis führt, sicherlich kein motivationsförderliches Modellverhalten seitens des Lehrers. Somit ist hier ein weiterer Aspekt benannt, der die Relevanz von kompetentem Lehrpersonal verdeutlicht – nicht nur die Qualität der Darbietung des Lerninhalts, sondern auch die Motivation der Schüler müsste unter inkompetenten Lehrern leiden. Die Nutzung des Mechanismus der stellvertretenden Bekräftigung sollte langfristig gesehen also auch dem Umfang des Erlernten der Schüler zugute kommen.

Ebenfalls macht die stellvertretende Bekräftigung das Verhalten von vielen Teenagern verständlich, die ihr Verhalten ändern, um es einem Idol anzugleichen. Sie könnten sich durch das Tragen ähnlicher Kleidung oder der Verwendung eines ähnlichen Sprachstils ein zu ihren Idolen vergleichbar erfolgreiches und erfülltes Leben erhoffen, zum Beispiel in Bezug auf soziale Anerkennung und Ruhm.

4 Quellenverzeichnis

Fachliteratur:

➔ Bandura, Albert.: *Sozial-kognitive Lerntheorie*. Stuttgart. Klett-Cotta. 1997

➔ Berk, Laura E.: *Entwicklungspsychologie*. München. Pearson Studium.[3] 2010

➔ Bourne, Lyle, E./ Ekstrand, Bruce R.: *Einführung in die Psychologie*. Eschborn bei Frankfurt am Main. Verlag Dietmar Klotz.[3] 1992

➔ Mazur, James E.: *Lernen und Verhalten*. München. Pearson Studium.[6] 2006

➔ Schenk-Danzinger, Lotte/ Rieder, Karl: *Entwicklungspsychologie*. Wien. G&G-Verlag.[2] 2006

➔ Schermer, Franz J.: *Lernen und Gedächtnis*. Stuttgart. Kohlhammer.[4] 2006

➔ Winkel, Sandra/ Petermann, Franz/ Petermann, Ulrike: *Lernpsychologie*. Paderborn. UTB. 2006

➔ Zimbardo, Philip G./ Gerrig, Richard J.: *Psychologie*. München. Pearson Studium.[18] 2008

➔ Zumkley-Münkel, Cordula: *Imitationslernen*. Düsseldorf. Pädagogischer Verlag Schwann Düsseldorf. 1976

Weblinks:

➔ http://de.wikipedia.org/wiki/Bobo_doll_study
(abgerufen am 28.12.12)

5 Anhang

5.1 Die Videos

Die für das Experiment erstellten Videos können unter folgenden Internetadressen heruntergeladen werden:

Video der Gruppe eins:

https://mega.co.nz/#!6MJzkDzA!T-Da8RW9zWmC-QqabsIr_nO7JhZJLJ3TtCOse1573bc

Video der Gruppe zwei:

https://mega.co.nz/#!fYJHAQqK!Ie4zfCVk_Z0rg7IqvHkpgGMnobt0aH5dN2u9BquVtUQ

5.2 Fragebogen

Mein Alter : _____

Kreuze an:

Mein Geschlecht: ☐ ☐
  m w

Ich treibe Sport im Verein: ☐ ☐
  ja nein

Erfahrung im Basketballspielen (Verein): ☐ ☐
  ja nein

Gleich wirst du eine der beiden Wurftechniken üben können.
Entscheide dich für die Technik, von der du dir am meisten Erfolg versprichst:

Brustwurf (A) Kopfwurf (B)

  ☐ ☐

Vielen Dank für deine Teilnahme!

5.3 Rohdaten

Gruppe 1	Alter	Geschlecht	Sport im Verein	Erfahrung im Basketball (Verein)	Entscheidung Wurftechnik
	14	W	Ja	Nein	Brustwurf
	14	W	Ja	Nein	Brustwurf
	15	W	Ja	Nein	Kopfwurf
	14	W	Ja	Nein	Kopfwurf
	15	M	Ja	Nein	Kopfwurf
	15	M	Nein	Nein	Brustwurf
	15	M	Ja	Nein	Kopfwurf
	15	M	Ja	Nein	Brustwurf
	15	W	Nein	Nein	Kopfwurf
	15	W	Nein	Nein	Brustwurf
	13	M	Ja	Nein	Kopfwurf
	14	M	Nein	Nein	Kopfwurf
	15	M	Ja	Nein	Kopfwurf
Gruppe 2	14	M	Ja	Nein	Brustwurf
	15	M	Ja	Nein	Brustwurf
	15	M	Ja	Nein	Kopfwurf
	15	W	Nein	Nein	Brustwurf
	15	W	Ja	Nein	Brustwurf
	14	W	Ja	Nein	Brustwurf
	15	W	Nein	Ja	Brustwurf
	15	M	Ja	Ja	Kopfwurf
	14	M	Ja	Ja	Kopfwurf
	15	W	Ja	Nein	Brustwurf
	13	M	Ja	Nein	Kopfwurf
	15	M	Ja	Nein	Brustwurf
	14	M	Nein	Nein	Kopfwurf